Du kannst jetzt schon viele Wörter richtig schreiben.
In diesem Heft lernst du noch mehr Wörter kennen.

W0412050

Setze aus den Silben die Wörter zusammen.
Male die Silbenkönige an.

	Sil	kö	ben	nig	der
	Re	ke	gen	wol	die
	bla	Sei	fen	sen	die
	wa	der	gen	Kin	der
	schi	ma	Wasch	ne	die

Der Buchstabe **q** wird immer mit einem **u** zusammen geschrieben: **Qu** oder **qu**. Er klingt wie **kw**.

In anderen Sprachen kann das q auch allein stehen.

Ergänze die Sätze. Male jedes **Qu** bunt an.

Quatsch Qualm Quiz Quelle Quadrat

Es gibt Kreis, Dreieck, Rechteck und ______.

Der Anfang vom Bach ist die ______.

Der Clown im Zirkus macht immer ______.

Ein Ratespiel mit Fragen nennt man ______.

Aus dem Schornstein kommt dunkler ______.

1 Verbinde die Satzteile zum Bild und schreibe das Wort.

Qualle Quark Quartett

schmeckt gut und ist gesund

ein Spiel mit Karten

ein durchsichtiges Wassertier

die ______

der ______

das ______

2 Ergänze die Sätze.

quietschen quaken quengeln

Im Teich hört man abends die Frösche und Kröten ______.

Marius hat sein Fahrrad nicht geölt, man hört es ______.

Janna hat wohl schlechte Laune, ich höre sie ______.

1 Verbinde die Sätze mit dem richtigen Wort.
Male das **x** an.

In diesem Auto muss man dem Fahrer Geld bezahlen.	Mixer
Dieses Gerät hilft dir, Teig für einen Kuchen zu machen.	Boxer
Dieses Werkzeug kann Bäume fällen.	Taxi
Dieser Sportler braucht dicke Handschuhe.	Nixe
Diese Meerjungfrau hat einen Fischschwanz.	Axt

2 Schreibe hier die passenden Wörter noch einmal.

 die

 das

 der

 die

 der

1 Schreibe an die richtige Stelle, was Hexe Trixi alles hat!
Verwende die Wörter aus dem Wörterkasten.

Hut Besen Stiefel Kleid

Hexe Trixi fliegt mit ihrem rosa Hexenumhang fröhlich durch die Luft.

Hexenumhang

Hexen

2 So geht Hexe Trixis Hexenspruch: Fix, fix, fertig gemixt!

Schreibe ihn noch einmal auf.

Wörter mit einem lang gesprochenen **i** schreibt man meistens mit **ie**.

Schreibe alle Wörter in die Linien und male das **ie** in verschiedenen Farben an.

flie		gie		rie	
lie	gen	schie	ßen		chen
wie		flie		krie	

Finde die richtigen Antworten für die Rätselfragen.

Schienen Papier Lied Spiegel Brief Biene

Was singen die Kinder zum Geburtstag? ein ______

Worin kannst du dich selbst anschauen? im ______

Was bringt der Briefträger in jedes Haus? einen ______

Worauf fährt der Zug? auf ______

Welches Tier macht Honig? die ______

Woraus bestehen die Seiten in einem Buch? aus ______

Finde zu jedem Wort das Gegenteil.
Schreibe alle Wörter mit **ie** unten noch einmal auf.

hoch	viel
wenig	lieb
immer	tief
böse	schief
gerade	nie

Trenne in der Wörterschlange alle Wörter durch Striche ab.
Schreibe alle Wörter richtig in die Tabelle.

der	die	das
Brief		

Manche Selbstlaute werden lang gesprochen und manche klingen kurz.

Male alle Selbstlaute an. Zeichne einen Strich unter lange Selbstlaute und einen Punkt unter kurze Selbstlaute.

Brot
—

Tisch
•

Hut
—

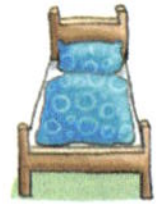
Bett
•

Kran
—

Nuss
•

Schaf

Boot

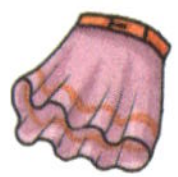
Rock

Mond

Fisch

Nest

Ball

Hand

Kuh

Schal

Herz

Buch

1 Klingt der Selbstlaut in der **ersten** Silbe lang oder kurz? Schreibe die erste Silbe in den Silbenbogen und setze das Zeichen: kurz oder lang.

Ha
—

Löf
•

—

Pup

Tas

Schu

2 Höre auf die erste Silbe und setze das Zeichen: kurz oder lang.

Wird der Selbstlaut in der **ersten** Silbe lang oder kurz gesprochen?
Setze das Zeichen und ordne die Wörter.

Blume	Krone	Blitz	Katze	Topf	Löwe	Schloss
Tunnel	Rabe	Zwiebel	Messer	Lupe	König	Brille

langer Selbstlaut —	**kurzer Selbstlaut** ●

Nach einem kurzen Selbstlaut wird der nächste Mitlaut oft verdoppelt.

1 Schreibe die Wörter mit doppeltem Mitlaut nach einem kurzen Selbstlaut:

 der

 der

 das

 die

 das

 die

Beim Verdoppeln verwandelt sich **z** in **tz** und **k** in **ck**.

2 Schreibe die Wörter mit **tz** und **ck**:

 der

 die

 der

 die

Nach einem **kurzen** Selbstlaut schreibt man **ss**.
Nach einem **langen** Selbstlaut schreibt man oft **ß**.

Setze in jedem Wort **ss** oder **ß** ein und schreibe die Wörter in die Tabelle.

die Nu____, die Stra____e, der Gru____, das Schlo____,

das Wa____er, der Spa____, der Se____el, der Schlü____el,

das Fa____, der Fu____, der Strau____, das Gefä____

Wörter mit ss	Wörter mit ß
die	

1 Finde zu jedem Wort das Gegenteil. Darin kommt immer ein **ß** vor.

sauer ____________ faul ____________

schwarz ____________ kalt ____________

klein ____________ drinnen ____________

2 Ergänze in jedem Satz ein Wort mit **ss** oder **ß**.

vergessen gerissen gießen

Anne muss ihre Blumen im Garten regelmäßig ____________

Ricardo hat schon wieder sein Schwimmzeug ____________

Antonias neue Kette ist gleich am ersten Tag ____________

Viel Spaß!

Kennst du diese Tiere?
Schreibe die richtigen Wörter in die Kästchen.
Achte auf ➡ oder ⬇.

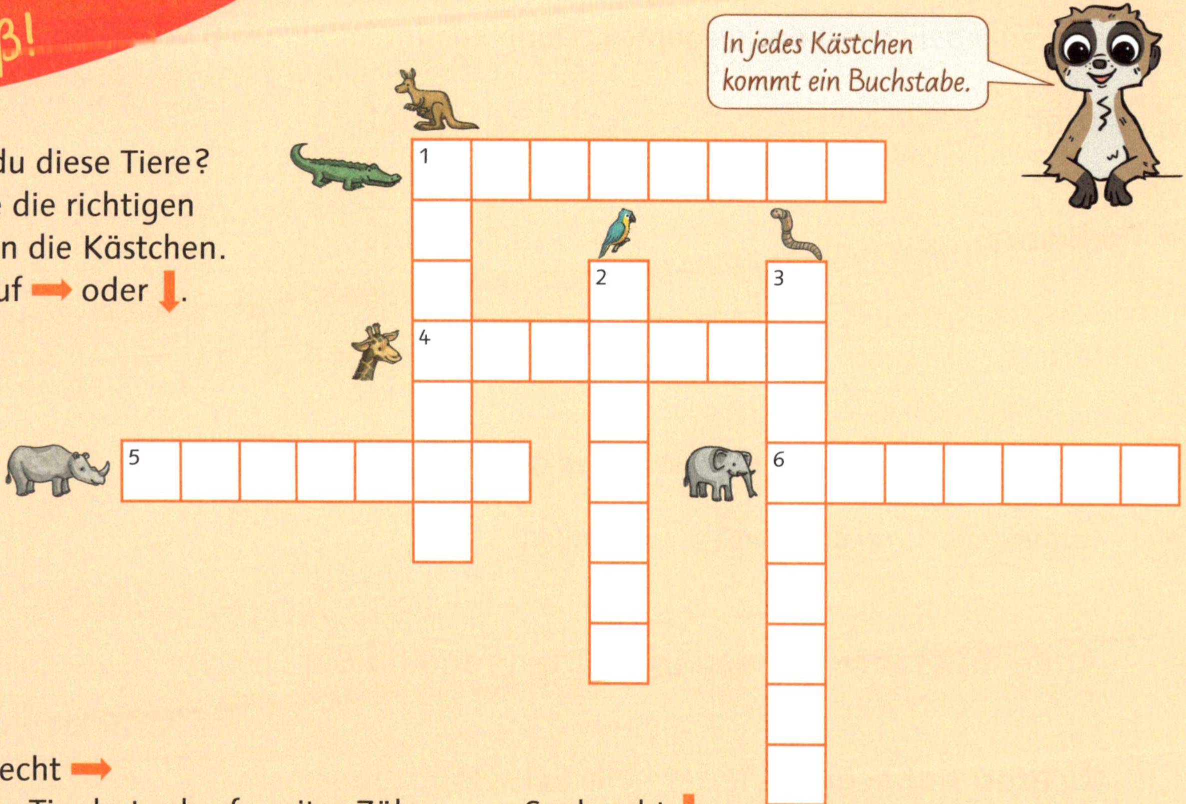

Waagerecht ➡

1 Dieses Tier hat scharfe spitze Zähne.
4 Dieses Tier hat einen sehr langen Hals.
5 Dieses Tier hat ein Horn auf der Nase.
6 Dieses Tier hat einen langen Rüssel.

Senkrecht ⬇

1 Dieses Tier hüpft immer.
2 Dieses Tier kann fliegen und ist ganz bunt.
3 Dieses Tier kommt bei Regen aus der Erde.

In manchen Wörtern mit einem langen Selbstlaut steht ein **Dehnungs-h**. Diese Wörter musst du dir merken.

Ergänze in jedem Satz das passende Wort und male das **h** an.

In Larissas Mund wackelt ganz vorn ein ______.

Zum Backen brauchen wir Eier und ______.

Kim schaut alle fünf Minuten auf die ______.

Meiers haben eine Tochter und einen ______.

Steffen sitzt niemals ruhig auf seinem ______.

Zwölf Monate sind ein ______.

Auf dem Bauernhof gibt es Hennen und einen ______.

Sohn
Stuhl
Zahn
Jahr
Uhr
Hahn
Mehl

Bilde ganze Verben.
Schreibe sie in den passenden Satz.

Bei diesen Wörtern zeigt das h den langen Selbstlaut an.

rüh		______	füh		______
fah	ren	______	zäh	len	______
boh		______	feh		______

Beim Kuchenbacken muss Lotta den Teig lange ______.

Beim Würfelspiel muss man genau die Punkte ______.

Leider musste die Zahnärztin in Eriks Zahn ______.

Beim Ausflug will die Klasse 2a mit dem Bus ______.

Hier sind 10 Wörter mit **h** versteckt. →
Male sie an und schreibe sie noch einmal in die Linien.

A	B	C	F	A	H	N	E	Z	G
K	L	E	H	R	E	R	I	N	I
Z	T	K	M	Ü	H	L	E	S	S
G	E	F	A	H	R	X	O	H	R
Ü	K	J	A	H	R	E	Ä	L	M
G	D	W	O	H	N	U	N	G	A
S	W	A	H	R	H	E	I	T	R
W	R	Z	A	H	L	W	N	V	C
Ü	L	V	E	R	K	E	H	R	Y
F	A	H	R	R	A	D	F	G	M

Fahne,

Der Buchstabe **y** kann ganz verschieden klingen.
Oft klingt er wie ein **i**, manchmal wie ein **ü**.

1 Male alle y, die wie i klingen, **rot** an. Male alle y, die wie ü klingen, **blau** an.

Teddy • Baby • Dynamo • Ypsilon • Pony • Party • Gymnastik • Hobby • Handy

2 Ergänze die Sätze.

Paula telefoniert den ganzen Tag mit ihrem ______.

Niklas quengelt wie ein kleines ______.

Das Fahrrad bekommt Strom von seinem ______.

Ein kleines Pferd nennt man auch ______.

Manchmal klingt der Buchstabe **y** am Wortanfang sogar wie ein **j**.

1 Male das y, das wie j klingt, **grün** an.

Beim Yoga macht man Übungen und atmet ganz ruhig.
Der Yen ist das Geld in Japan. Es gibt Münzen und Scheine.

2 Schreibe einige Wörter von Seite 20 in die Tabelle.

Y klingt wie i	Y klingt wie ü	Y klingt wie j

Viel Spaß!

Kannst du das lesen? Beantworte unten die Fragen.

Eisbären haben ein dickes Fell.

Es ist weiß, damit die Bären sich im Schnee gut verstecken können.

Sie fressen Fische und Robben.

Welche Tiere sind gemeint?

Welche Farbe hat ihr Fell?

Was fressen sie am liebsten?

Du kannst jetzt schon viele Wörter richtig schreiben.
In diesem Heft lernst du noch mehr Wörter kennen.

Die Silben können dir helfen!

Setze aus den Silben die Wörter zusammen.
Male die Silbenkönige an.

Sil	kö	ben	nig	der Silbenkönig
Re	ke	gen	wol	die Regenwolke
bla	Sei	fen	sen	die Seifenblasen
wa	der	gen	Kin	der Kinderwagen
schi	ma	Wasch	ne	die Waschmaschine

Der Buchstabe **q** wird immer mit einem **u** zusammen geschrieben: **Qu** oder **qu**. Er klingt wie **kw**.

In anderen Sprachen kann das q auch allein stehen.

Ergänze die Sätze. Male jedes **Qu** bunt an.

Quatsch Qualm Quiz Quelle Quadrat

Es gibt Kreis, Dreieck, Rechteck und Quadrat.

Der Anfang vom Bach ist die Quelle.

Der Clown im Zirkus macht immer Quatsch.

Ein Ratespiel mit Fragen nennt man Quiz.

Aus dem Schornstein kommt dunkler Qualm.

1 Verbinde die Satzteile zum Bild und schreibe das Wort.

Qualle Quark Quartett

- schmeckt gut und ist gesund — der Quark
- ein Spiel mit Karten — das Quartett
- ein durchsichtiges Wassertier — die Qualle

die Qualle
der Quark
das Quartett

2 Ergänze die Sätze.

quietschen quaken quengeln

Im Teich hört man abends die Frösche und Kröten quaken.

Marius hat sein Fahrrad nicht geölt, man hört es quietschen.

Janna hat wohl schlechte Laune, ich höre sie quengeln.

1 Verbinde die Sätze mit dem richtigen Wort.
Male das **x** an.

- In diesem Auto muss man dem Fahrer Geld bezahlen. — Taxi
- Dieses Gerät hilft dir, Teig für einen Kuchen zu machen. — Mixer
- Dieses Werkzeug kann Bäume fällen. — Axt
- Dieser Sportler braucht dicke Handschuhe. — Boxer
- Diese Meerjungfrau hat einen Fischschwanz. — Nixe

Mixer Boxer Taxi Nixe Axt

2 Schreibe hier die passenden Wörter noch einmal.

die Nixe
das Taxi
der Boxer
die Axt
der Mixer

1 Schreibe an die richtige Stelle, was Hexe Trixi alles hat!
Verwende die Wörter aus dem Wörterkasten.

Hut   Besen   Stiefel   Kleid

Hexe Trixi fliegt mit ihrem rosa Hexenumhang fröhlich durch die Luft.

Hexenumhang — Hexenhut

Hexenkleid

Hexenbesen — Hexenstiefel

2 So geht Hexe Trixis Hexenspruch: Fix, fix, fertig gemixt!

Schreibe ihn noch einmal auf.

Fix, fix, fertig gemixt!

Wörter mit einem lang gesprochenen i schreibt man meistens mit ie.

Schreibe alle Wörter in die Linien und male das **ie** in verschiedenen Farben an.

flie, lie, wie → gen

gie, schie, flie → ßen

rie, krie → chen

fliegen, liegen, wiegen

gießen, schießen, fließen

riechen, kriechen

Finde die richtigen Antworten für die Rätselfragen.

Schienen   Papier   Lied   Spiegel   Brief   Biene

Was singen die Kinder zum Geburtstag? ein Lied

Worin kannst du dich selbst anschauen? im Spiegel

Was bringt der Briefträger in jedes Haus? einen Brief

Worauf fährt der Zug? auf Schienen

Welches Tier macht Honig? die Biene

Woraus bestehen die Seiten in einem Buch? aus Papier

Finde zu jedem Wort das Gegenteil.
Schreibe alle Wörter mit **ie** unten noch einmal auf.

hoch — tief

wenig — viel

immer — nie

böse — lieb

gerade — schief

viel, lieb, tief, schief, nie

Lösungen

Trenne in der Wörterschlange alle Wörter durch Striche ab.
Schreibe alle Wörter richtig in die Tabelle.

der	die	das
Brief	Schiene	Knie
Stiefel	Wiese	Sieb
Riese	Fliege	Spiel

Manche Selbstlaute werden lang gesprochen und manche klingen kurz.

Male alle Selbstlaute an. Zeichne einen Strich unter lange Selbstlaute und einen Punkt unter kurze Selbstlaute.

Brot	Tisch	Hut	Bett	Kran	Nuss
—	•	—	•	—	•
Schaf	Boot	Rock	Mond	Fisch	Nest
—	—	•	—	•	•
Ball	Hand	Kuh	Schal	Herz	Buch
•	•	—	—	•	—

1 Klingt der Selbstlaut in der **ersten** Silbe lang oder kurz? Schreibe die erste Silbe in den Silbenbogen und setze das Zeichen: kurz oder lang.

Ha	Löf	So	Sche	Ton
—	•	—	—	•
Pup	Tas	Schu	Son	Du
•	•	—	•	—

2 Höre auf die erste Silbe und setze das Zeichen: kurz oder lang.

—	•	—	—	•

Wird der Selbstlaut in der **ersten** Silbe lang oder kurz gesprochen?
Setze das Zeichen und ordne die Wörter.

Blume	Krone	Blitz	Katze	Topf	Löwe	Schloss
—	—	•	•	•	—	•
Tunnel	Rabe	Zwiebel	Messer	Lupe	König	Brille
•	—	—	•	—	—	•

langer Selbstlaut —	kurzer Selbstlaut •
Blume, Krone,	Blitz, Katze, Topf,
Löwe, Rabe,	Schloss, Tunnel,
Zwiebel, Lupe,	Messer, Brille
König	

Nach einem kurzen Selbstlaut wird der nächste Mitlaut oft verdoppelt.

Das weißt du ja schon.

1 Schreibe die Wörter mit doppeltem Mitlaut nach einem kurzen Selbstlaut:

der Kamm — der Löffel
das Schiff — die Qualle
das Bett — die Sonne

Beim Verdoppeln verwandelt sich **z** in **tz** und **k** in **ck**.

2 Schreibe die Wörter mit **tz** und **ck**:

der Blitz — die Katze
der Sack — die Brücke

Nach einem **kurzen** Selbstlaut schreibt man **ss**.
Nach einem **langen** Selbstlaut schreibt man oft **ß**.

Ein ß steht nur nach langem Selbstlaut und nach au, ei, eu oder ie.

Setze in jedem Wort **ss** oder **ß** ein und schreibe die Wörter in die Tabelle.

die Nu_ss_, die Stra_ß_e, der Gru_ß_, das Schlo_ss_,
das Wa_ss_er, der Spa_ß_, der Se_ss_el, der Schlü_ss_el,
das Fa_ss_, der Fu_ß_, der Strau_ß_, das Gefä_ß_

Wörter mit ss	Wörter mit ß
die Nuss, das Schloss,	die Straße, der Gruß,
das Wasser, der Sessel,	der Spaß, der Fuß,
der Schlüssel, das Fass	der Strauß, das Gefäß

1 Finde zu jedem Wort das Gegenteil. Darin kommt immer ein **ß** vor.

sauer	süß	faul	fleißig
schwarz	weiß	kalt	heiß
klein	groß	drinnen	draußen

2 Ergänze in jedem Satz ein Wort mit **ss** oder **ß**.

vergessen — gerissen — gießen

Anne muss ihre Blumen im Garten regelmäßig gießen.
Ricardo hat schon wieder sein Schwimmzeug vergessen.
Antonias neue Kette ist gleich am ersten Tag gerissen.

Viel Spaß!

In jedes Kästchen kommt ein Buchstabe.

Kennst du diese Tiere? Schreibe die richtigen Wörter in die Kästchen. Achte auf ➡ oder ⬇.

Waagerecht ➡
1 Dieses Tier hat scharfe spitze Zähne.
4 Dieses Tier hat einen sehr langen Hals.
5 Dieses Tier hat ein Horn auf der Nase.
6 Dieses Tier hat einen langen Rüssel.

Senkrecht ⬇
1 Dieses Tier hüpft immer.
2 Dieses Tier kann fliegen und ist ganz bunt.
3 Dieses Tier kommt bei Regen aus der Erde.

In manchen Wörtern mit einem langen Selbstlaut steht ein **Dehnungs-h**. Diese Wörter musst du dir merken.

Ergänze in jedem Satz das passende Wort und male das **h** an.

Sohn
Stuhl
Zahn
Jahr
Uhr
Hahn
Mehl

In Larissas Mund wackelt ganz vorn ein Zahn.

Zum Backen brauchen wir Eier und Mehl.

Kim schaut alle fünf Minuten auf die Uhr.

Meiers haben eine Tochter und einen Sohn.

Steffen sitzt niemals ruhig auf seinem Stuhl.

Zwölf Monate sind ein Jahr.

Auf dem Bauernhof gibt es Hennen und einen Hahn.

Bilde ganze Verben.
Schreibe sie in den passenden Satz.

rüh, fah, boh – ren: rühren, fahren, bohren

füh, zäh, feh – len: führen, zählen, fehlen

Beim Kuchenbacken muss Lotta den Teig lange rühren.

Beim Würfelspiel muss man genau die Punkte zählen.

Leider musste die Zahnärztin in Eriks Zahn bohren.

Beim Ausflug will die Klasse 2a mit dem Bus fahren.

Hier sind 10 Wörter mit **h** versteckt. ➡
Male sie an und schreibe sie noch einmal in die Linien.

A	B	C	F	A	H	N	E	Z	G
K	L	E	H	R	E	R	I	N	I
Z	T	K	M	Ü	H	L	E	S	S
G	E	F	A	H	R	X	O	H	R
Ü	K	J	A	H	R	E	Ä	L	M
G	D	W	O	H	N	U	N	G	A
S	W	A	H	R	H	E	I	T	R
W	R	Z	A	H	L	W	N	V	C
Ü	I	V	E	R	K	E	H	R	Y
F	A	H	R	R	A	D	F	G	M

Fahne, Lehrerin, Mühle, Gefahr, Jahre
Wohnung, Wahrheit, Zahl, Verkehr, Fahrrad

Der Buchstabe **y** kann ganz verschieden klingen.
Oft klingt er wie ein **i**, manchmal wie ein **ü**.

1 Male alle y, die wie i klingen, rot an. Male alle y, die wie ü klingen, blau an.

Teddy • Baby • Dynamo • Ypsilon • Pony • Party • Gymnastik • Hobby • Handy

2 Ergänze die Sätze.

Paula telefoniert den ganzen Tag mit ihrem Handy.

Niklas quengelt wie ein kleines Baby.

Das Fahrrad bekommt Strom von seinem Dynamo.

Ein kleines Pferd nennt man auch Pony.

Manchmal klingt der Buchstabe **y** am Wortanfang sogar wie ein **j**.

Es gibt aber nicht sehr viele Wörter mit y.

1 Male das y, das wie j klingt, grün an.

Beim Yoga macht man Übungen und atmet ganz ruhig. Der Yen ist das Geld in Japan. Es gibt Münzen und Scheine.

2 Schreibe einige Wörter von Seite 20 in die Tabelle.

Y klingt wie i	Y klingt wie ü	Y klingt wie j
Teddy	Dynamo	Yoga
Baby	Gymnastik	Yen
Pony	Ypsilon	

Viel Spaß!

Kannst du das lesen? Beantworte unten die Fragen.

Eisbären haben ein dickes Fell.
Es ist weiß, damit die Bären sich im Schnee gut verstecken können.
Sie fressen Fische und Robben.

Welche Tiere sind gemeint? Eisbären

Welche Farbe hat ihr Fell? weiß

Was fressen sie am liebsten? Fische und Robben

Bei diesen Wörtern musst du genau hinhören, denn sie haben viele Mitlaute am Anfang des Wortes.

1 Verbinde die Silben und schreibe die Wörter.

Krei	der	Kreide	trin	fen	trinken
Krei	se	Kreise	trop	ten	tropfen
Klei	de	Kleider	tre	ken	treten

2 Setze am Anfang der Wörter die fehlenden Mitlaute ein: **pl dr gl**

Dr außen schneit es und alles gl itzert. Anne und Tobias backen Pl ätzchen. In einer Pl astikschüssel rühren sie einen gl atten Teig. Kleine Stücke davon dr ücken sie flach. Diese legen sie auf das Blech und backen sie gl eich im Ofen. Nun noch Streusel dr auf!

Auch hier findest du Wörter mit vielen Mitlauten am Anfang.
Trenne sie in der Wörterschlange ab und schreibe sie an die richtige Stelle.

Das hilft bei einer Wunde:	Pflaster	Das brauchst du zum Braten:	Pfanne
Das gibt es bei Regen:	Pfütze	Das ist ein leckeres Obst:	Pflaume
Das passt zu einem Bogen:	Pfeil	Das ist ein scharfes Gewürz:	Pfeffer

Achte genau auf den Anfang der Wörter. Schreibe sie noch einmal auf.

Faruk und Julius wollen im Zelt …	schneiden	schneiden
Marie will Tomaten für den Salat …	schreiben	schreiben
Opa muss noch einen wichtigen Brief …	schlafen	schlafen
Während des Filmes darf man nicht laut …	stricken	stricken
Mit Wolle kann man Pullover …	sprechen	sprechen
Max kann mit dem Wasserschlauch …	spritzen	spritzen

Manche Wörter mit langem i schreibt man nur mit i.

Bilde aus den Silben die Namen dieser Tiere:

Ti gel Bi chen Ka nin I ber ger

 der Tiger

 das Kaninchen

 der Igel

 der Biber

An der Tankstelle tankt man	Kino	Kino
Heute kommt ein Kinderfilm im	Fabrik	Fabrik
Davids Onkel arbeitet in der	Benzin	Benzin

Alle Wörter mit der Endung -ine schreibt man mit einfachem i.

Male die Endung **-ine** an. Ordne die Wörter richtig ein.

Maschine Rosine Apfelsine Violine Kabine Ruine
Gardine Margarine Mandarine Nektarine Lawine

kann man essen: Rosine, Margarine, Apfelsine,

Mandarine, Nektarine

kann man nicht essen: Maschine, Gardine, Violine,

Kabine, Ruine, Lawine

Der Buchstabe **v** kann ganz verschieden klingen.
In manchen Wörtern klingt er wie ein **w**, in anderen wie ein **f**.

Male alle v, die wie w klingen, rot an. Male alle v, die wie f klingen, blau an.
Schreibe alle Wörter richtig in die Tabelle.

Vater Vulkan Olive vier Vogel voll Vase vorne Verb Ventil

V klingt wie w	V klingt wie f
Vulkan	Vater
Vase	vier
Olive	Vogel
Ventil	voll
Verb	vorne

1 Finde zu jedem Satz das passende Ende.
Male alle v, die wie w klingen, rot an. Male alle v, die wie f klingen, blau an.

Heute hatte unser Bus zehn Minuten	Verspätung.
Ein Musikinstrument mit Tasten heißt	Klavier.
Aus dem Vulkan kommt heiße	Lava.
Vor dem Dezember kommt der	November.
In Obst und Gemüse sind viele	Vitamine.
Wer zuerst fahren darf, hat	Vorfahrt.

2 Schreibe die Wörter mit **v** noch einmal auf.

das Klavier, der November, die Verspätung,
die Vorfahrt, die Lava, die Vitamine

Die Wortbausteine **ver-** und **vor-** werden immer mit **v** geschrieben.

Finde für jeden Satz ein passendes Wort und setze es richtig ein.
Schreibe die unteren Wörter noch einmal in der wir-Form daneben und male **ver-** an.

verbinden | verstehen | verkleiden | verbieten | verstecken

Florian verbindet die Punkte miteinander. — verbinden

Die Lehrerin verbietet Kaugummi im Unterricht. — verbieten

Tanja versteht die neue Aufgabe nicht. — verstehen

Hannes verkleidet sich als Indianer. — verkleiden

Der Osterhase versteckt viele Eier. — verstecken

Entscheide bei jedem Wort: **vor-** oder **ver-**.

~~täuschen~~ | singen | folgen | bereiten | kaufen
schlagen | bessern | haben | suchen | dienen

ver-	vor-
verfolgen, verkaufen,	vortäuschen,
verbessern, versuchen,	vorsingen, vorbereiten,
verdienen	vorschlagen, vorhaben

Viel Spaß!

Was hat sich hier versteckt?
Male alle Felder mit aa rot, ee gelb und oo braun an.
Die anderen Felder darfst du anmalen, wie du willst.

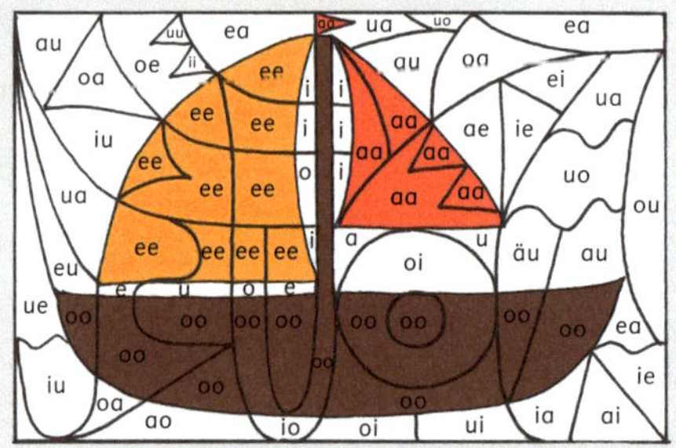

Wörter mit oo

Es gibt nur wenige Wörter mit doppeltem Selbstlaut: aa, ee oder oo. Wörter mit ii oder uu gibt es nicht.

Mit oo gibt es nur fünf Wörter mit einer Silbe. Das kannst du dir leicht merken!

Ordne die Wörter richtig zu.

doof Moos Boot Zoo Moor

Pia und Leyla wollen am Sonntag mit ihren Eltern in den Zoo.

Auf dem kleinen See segelt manchmal ein weißes Boot.

Im Schatten wächst auf Steinen oft weiches grünes Moos.

Einen Sumpf mit weichem, nassem Boden nennt man Moor.

An manchen Tagen findet Marius einfach alles doof.

Wörter mit ee

Schreibe diese elf Wörter unten noch einmal auf.
Male in jedem Wort das **ee** an.

F, T, Kl, Schn, S — **ee**
Sp, M, B, T — **ee** — t, r
B, S — **ee** — re, le

die Fee, der Tee, der Klee, der Schnee, der See,
das Beet, der Speer, das Meer, der Teer,
die Beere, die Seele

Und noch ein wichtiges Wort: Der Eimer ist nicht voll, sondern leer.

Wörter mit aa

Trenne die Wörter in der Schlange ab
und schreibe sie unten an die richtige Stelle.

Das sind ja auch nur sieben Wörter mit aa!

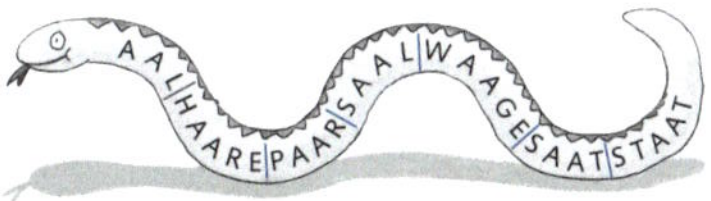

Auf deinem Kopf wachsen viele Haare.

Ein langer dünner Fisch heißt Aal.

Man wiegt mit einer Waage.

Zwei, die zusammengehören, sind ein Paar.

Ein großer, festlicher Raum heißt Saal.

Körner, die im Frühjahr gesät werden, heißen Saat.

Städte und Dörfer, die zusammen eine Regierung haben, sind ein Staat.

Wörter mit chs

Ordne die Tiere mit **chs** richtig zu.
Male in jedem Wort **chs** an.

Manchmal klingt es wie x, aber du musst chs schreiben. Merk dir die Wörter gut.

Ochse Fuchs Lachs Eidechse Luchs Dachs

Es ist ein Fisch.
Er schwimmt den Bach aufwärts. — Lachs

Es ist ein Waldtier.
Er baut Höhlen und ist schwarz-weiß. — Dachs

Es ist ein Waldtier.
Er ist rotbraun und nachts wach. — Fuchs

Es ist ein Waldtier
Er sieht aus wie eine Katze. — Luchs

Es ist ein Tier auf dem Bauernhof.
Er ist eine männliche Kuh. — Ochse

Es ist ein Wald- und Wiesentier.
Sie liebt die Sonne. — Eidechse

Wörter mit chs

Male alle chs an und schreibe die Wörter unten noch einmal auf.

Henri hörte erleichtert den Schlusspfiff. Er wollte nach dem Spiel zuerst sein verschwitztes Trikot wechseln. Es hat die Nummer sechs auf dem Rücken. In seiner Sporttasche fand er noch eine Büchse mit seinem Lieblingsgetränk. Am liebsten wollte er ganz schnell wachsen, denn dann könnte er Torwart werden.

wechseln, sechs, Büchse, wachsen

Wörter mit ih

In ganz wenigen Wörtern wird das **lange i** mit **ih** geschrieben. Merke sie dir besonders gut.

Setze das passende Wort in die Lücke ein.

ihm | ihn | ihnen | ihr | ihrem | ihren | ihrer

Hanna bekam zu ihrem Geburtstag einen Hamster. Sie nannte ihn Putzi. Am besten gefiel ihr sein weiches Fell.

Hanna gab ihm jeden Tag Futter und frisches Wasser.

Sie zeigte das Tierchen bald ihrer besten Freundin und auch ihren Klassenkameraden. Auch ihnen gefiel das lustige Tier gut.

Kleine Merkwörter

Schreibe diese wichtigen Wörter zweimal auf.

ohne	ohne ohne	ganz	ganz ganz
sehr	sehr sehr	wieder	wieder wieder
mehr	mehr mehr	nächste	nächste nächste
jetzt	jetzt jetzt	zurück	zurück zurück
fertig	fertig fertig	außen	außen außen

Kleine Merkwörter

Male in allen Wörtern die schwierige Stelle an und schreibe sie so oft auf, wie der Platz reicht.

Dieses Wort musst du **immer ohne h** schreiben:

nämlich nämlich nämlich nämlich nämlich nämlich

Bei diesem Wort kann man leicht einige Buchstaben vergessen:

plötzlich plötzlich plötzlich plötzlich plötzlich

Hier musst du genau auf das **ss** achten:

ein bisschen ein bisschen ein bisschen ein bisschen

Und zum Schluss noch ein richtig schweres Wort:

vielleicht vielleicht vielleicht vielleicht vielleicht

Das kann ich schon!

Finde für jede Frage ein passendes Wort mit **ie**. Male alle **ie** an.

Worin kann man sich selbst sehen? in einem Spiegel

Wo schlafen oft Babys? in einer Wiege

Welches Tier macht in seinem Bau Honig? die Biene

Worauf fahren Züge? auf Schienen

Wo gibt es Gras, Blumen und Käfer? auf einer Wiese

Woraus sind Bücher und Hefte gemacht? aus Papier

53

Das kann ich schon!

1 Erkläre, wann du **ss** oder **β** schreiben musst.

- ss steht nach einem langen Selbstlaut ◯
- ss steht nach einem kurzen Selbstlaut ☒
- β schreibt man nur nach einem langen Selbstlaut ☒
- β schreibt man nur nach einem kurzen Selbstlaut ◯
- Nach ei, au, eu schreibt man ss ◯ — Nach ei, au, eu schreibt man β ☒

2 Ergänze die Lücken in den Sätzen – **ss** oder **β**?

An der Grenze mu ss Sascha seinen Pa ss vorzeigen.

Zwei kleine Hunde bei β en sich auf der Stra β e.

Sophia und Kevin haben aus Holz ein gro β es Flo β gebaut.

Der Elefant im Zoo spritzt gern Wa ss er mit seinem Rü ss el.

54

Das kann ich schon!

1 Ein **h** am Ende der Silbe zeigt,

- ◯ dass der Selbstlaut kurz ist.
- ☒ dass der Selbstlaut lang ist.
- ◯ dass die Silbe keinen Selbstlaut hat.

2 Finde für jeden Satz ein passendes Wort.

Oben auf dem Turm weht eine bunte Fahne.

Jeder Mensch hat am Kopf rechts und links Ohren.

Der Drache haust in einer dunklen Höhle.

Bei einem Theaterstück spielt man auf der Bühne.

Nach jedem Winter kommt ein schöner Frühling.

55

Das kann ich schon!

Alle diese Wörter beginnen mit **ver-** oder mit **vor-**.
Verbinde die Wortteile und trage die Wörter unten richtig ein.

ver **vor**

bieten, zichten, bereiten, drängeln, suchen, singen, schlagen, lieren

(ver – bieten, zichten, suchen, lieren; vor – bereiten, drängeln, singen, schlagen)

Wörter mit ver- verbieten, verzichten, versuchen, verlieren

Wörter mit vor- vorbereiten, vordrängeln, vorsingen, vorschlagen

56

Male alle Sterne gelb, die so aussehen: 
Es erscheinen zwei Buchstaben, die du schon geübt hast.

Bei diesen Wörtern musst du genau hinhören, denn sie haben viele Mitlaute am Anfang des Wortes.

1 Verbinde die Silben und schreibe die Wörter.

Krei	der	______	trin	fen	______
Krei	se	______	trop	ten	______
Klei	de	______	tre	ken	______

2 Setze am Anfang der Wörter die fehlenden Mitlaute ein: **pl** **dr** **gl**

___außen schneit es und alles ___itzert. Anne und Tobias backen ___ätzchen. In einer ___astikschüssel rühren sie einen ___atten Teig. Kleine Stücke davon ___ücken sie flach. Diese legen sie auf das Blech und backen sie ___eich im Ofen. Nun noch Streusel ___auf!

Auch hier findest du Wörter mit vielen Mitlauten am Anfang.
Trenne sie in der Wörterschlange ab und schreibe sie an die richtige Stelle.

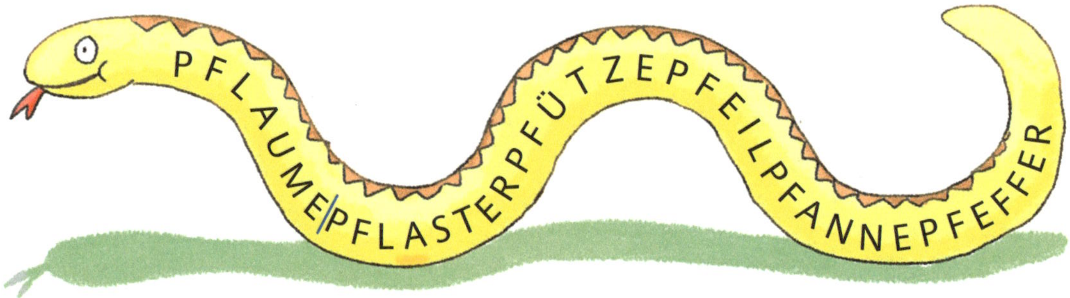

Das hilft bei einer Wunde:	Das brauchst du zum Braten:
Das gibt es bei Regen:	Das ist ein leckeres Obst:
Das passt zu einem Bogen:	Das ist ein scharfes Gewürz:

Achte genau auf den Anfang der Wörter. Schreibe sie noch einmal auf

Faruk und Julius wollen im Zelt …	schneiden	
Marie will Tomaten für den Salat …	schreiben	
Opa muss noch einen wichtigen Brief …	schlafen	
Während des Filmes darf man nicht laut …	stricken	
Mit Wolle kann man Pullover …	sprechen	
Max kann mit dem Wasserschlauch …	spritzen	

Wörter mit langem i

Manche Wörter mit **langem i** schreibt man nur mit **i**.

Bilde aus den Silben die Namen dieser Tiere:

Ti | gel | Bi | chen | Ka | nin | I | ber | ger

 der ______

 das ______

 der ______

 der ______

An der Tankstelle tankt man • • Kino ______

Heute kommt ein Kinderfilm im • • Fabrik ______

Davids Onkel arbeitet in der • • Benzin ______

Alle Wörter mit der **Endung -ine** schreibt man mit **einfachem i**.

Male die Endung **-ine** an. Ordne die Wörter richtig ein.

Maschine | Rosine | Apfelsine | Violine | Kabine | Ruine

Gardine | Margarine | Mandarine | Nektarine | Lawine

kann man essen:

kann man nicht essen:

Der Buchstabe **v** kann ganz verschieden klingen.
In manchen Wörtern klingt er wie ein **w**, in anderen wie ein **f**.

Male alle v, die wie w klingen, rot an. Male alle v, die wie f klingen, blau an.
Schreibe alle Wörter richtig in die Tabelle.

Vater Vulkan

Olive vier

voll

Vogel Vase

vorne

Verb Ventil

V klingt wie w	V klingt wie f

1 Finde zu jedem Satz das passende Ende.
Male alle **v**, die wie **w** klingen, **rot** an. Male alle **v**, die wie **f** klingen, **blau** an.

Heute hatte unser Bus zehn Minuten	Klavier.
Ein Musikinstrument mit Tasten heißt	November.
Aus dem Vulkan kommt heiße	Verspätung.
Vor dem Dezember kommt der	Vorfahrt.
In Obst und Gemüse sind viele	Lava.
Wer zuerst fahren darf, hat	Vitamine.

2 Schreibe die Wörter mit **v** noch einmal auf.

das

Die Wortbausteine **ver-** und **vor-** werden immer mit **v** geschrieben.

Finde für jeden Satz ein passendes Wort und setze es richtig ein.
Schreibe die unteren Wörter noch einmal in der wir-Form daneben und male **ver-** an.

verbinden verstehen verkleiden verbieten verstecken

Florian ______ die Punkte miteinander. ______

Die Lehrerin ______ Kaugummi im Unterricht. ______

Tanja ______ die neue Aufgabe nicht. ______

Hannes ______ sich als Indianer. ______

Der Osterhase ______ viele Eier. ______

Entscheide bei jedem Wort: **vor-** oder **ver-**.

~~täuschen~~	singen	folgen	bereiten	kaufen
schlagen	bessern	haben	suchen	dienen

ver-	**vor-**
	vortäuschen,

Viel Spaß!

Was hat sich hier versteckt?
Male alle Felder mit **aa rot**, **ee gelb** und **oo braun** an.
Die anderen Felder darfst du anmalen, wie du willst.

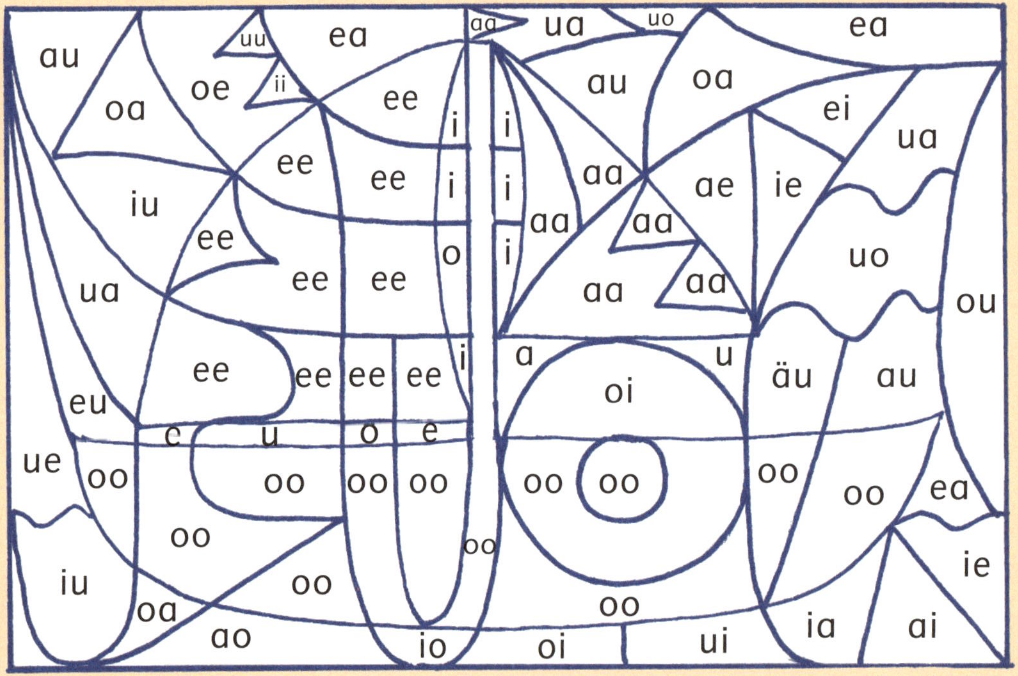

Es gibt nur wenige Wörter mit doppeltem Selbstlaut: **aa**, **ee** oder **oo**. Wörter mit **ii** oder **uu** gibt es nicht.

Mit oo gibt es nur fünf Wörter mit einer Silbe. Das kannst du dir leicht merken!

Ordne die Wörter richtig zu.

doof   Moos   Boot   Zoo   Moor

Pia und Leyla wollen am Sonntag mit ihren Eltern in den ______.

Auf dem kleinen See segelt manchmal ein weißes ______.

Im Schatten wächst auf Steinen oft weiches grünes ______.

Einen Sumpf mit weichem, nassem Boden nennt man ______.

An manchen Tagen findet Marius einfach alles ______.

Schreibe diese elf Wörter unten noch einmal auf.
Male in jedem Wort das **ee** an.

F, T, Kl, Schn, S — **ee**

B, Sp, M, T — **ee** — t, r

B, S — **ee** — re, le

die Fee,

Und noch ein wichtiges Wort: Der Eimer ist nicht voll, sondern ______.

Trenne die Wörter in der Schlange ab
und schreibe sie unten an die richtige Stelle.

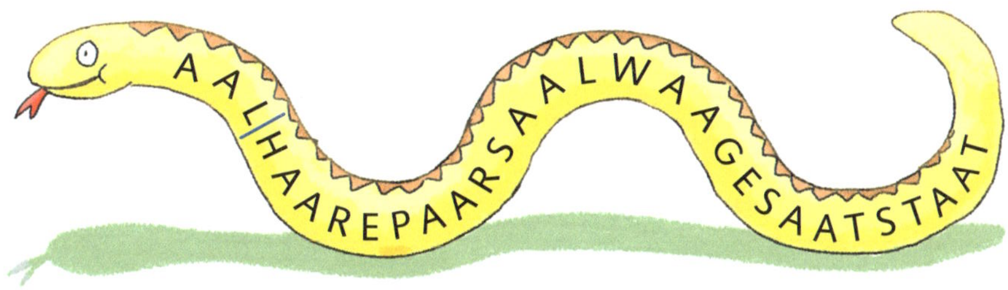

Auf deinem Kopf wachsen viele ________.

Ein langer dünner Fisch heißt ________.

Man wiegt mit einer ________.

Zwei, die zusammengehören, sind ein ________.

Ein großer, festlicher Raum heißt ________.

Körner, die im Frühjahr gesät werden, heißen ________.

Städte und Dörfer, die zusammen eine Regierung haben, sind ein ________.

Ordne die Tiere mit **chs** richtig zu.
Male in jedem Wort **chs** an.

Manchmal klingt es wie x, aber du musst chs schreiben. Merk dir die Wörter gut.

Ochse Fuchs Lachs Eidechse Luchs Dachs

Es ist ein Fisch.
Er schwimmt den Bach aufwärts.

Es ist ein Waldtier.
Er baut Höhlen und ist schwarz-weiß.

Es ist ein Waldtier.
Er ist rotbraun und nachts wach.

Es ist ein Waldtier.
Er sieht aus wie eine Katze.

Es ist ein Tier auf dem Bauernhof.
Er ist eine männliche Kuh.

Es ist ein Wald- und Wiesentier.
Sie liebt die Sonne.

Male alle **chs** an und schreibe die Wörter unten noch einmal auf.

Henri hörte erleichtert den Schlusspfiff. Er wollte nach dem Spiel zuerst sein verschwitztes Trikot wechseln. Es hat die Nummer sechs auf dem Rücken. In seiner Sporttasche fand er noch eine Büchse mit seinem Lieblingsgetränk. Am liebsten wollte er ganz schnell wachsen, denn dann könnte er Torwart werden.

In ganz wenigen Wörtern wird das **lange i** mit **ih** geschrieben. Merke sie dir besonders gut.

Setze das passende Wort in die Lücke ein.

ihm ihn ihnen ihr ihrem ihren ihrer

Hanna bekam zu ihrem Geburtstag einen Hamster. Sie nannte ____ Putzi. Am besten gefiel ____ sein weiches Fell.

Hanna gab ____ jeden Tag Futter und frisches Wasser.

Sie zeigte das Tierchen bald ____ besten Freundin und auch ____ Klassenkameraden. Auch ____ gefiel das lustige Tier gut.

Schreibe diese wichtigen Wörter zweimal auf.

Hier kannst du noch einige schwierige Merkwörter üben.

ohne	ganz
sehr	wieder
mehr	nächste
jetzt	zurück
fertig	außen

Male in allen Wörtern die schwierige Stelle an und schreibe sie so oft auf, wie der Platz reicht.

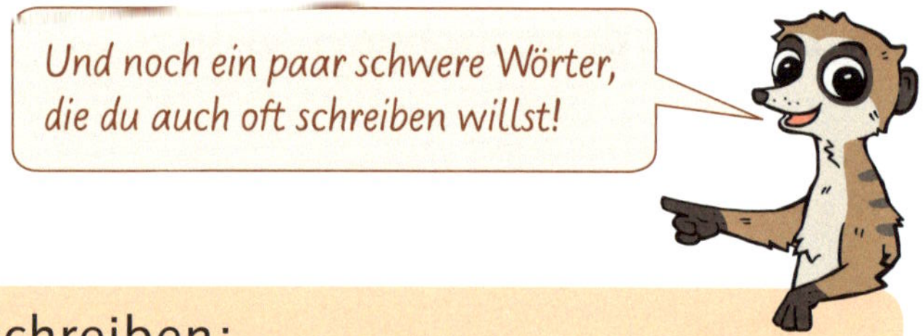

Dieses Wort musst du **immer ohne h** schreiben:

nämlich

Bei diesem Wort kann man leicht einige Buchstaben vergessen:

plötzlich

Hier musst du genau auf das **ss** achten:

ein bisschen

Und zum Schluss noch ein richtig schweres Wort:

vielleicht

Finde für jede Frage ein passendes Wort mit **ie**. Male alle **ie** an.

Worin kann man sich selbst sehen? in einem ______

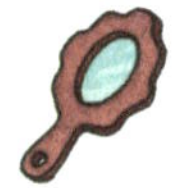

Wo schlafen oft Babys? in einer ______

Welches Tier macht in seinem Bau Honig? die ______

Worauf fahren Züge? auf ______

Wo gibt es Gras, Blumen und Käfer? auf einer ______

Woraus sind Bücher und Hefte gemacht? aus ______

1 Erkläre, wann du **ss** oder **ß** schreiben musst.

ss steht nach einem langen Selbstlaut ◯

ss steht nach einem kurzen Selbstlaut ◯

ß schreibt man nur nach einem langen Selbstlaut ◯

ß schreibt man nur nach einem kurzen Selbstlaut ◯

Nach ei, au, eu schreibt man ss ◯ Nach ei, au, eu schreibt man ß ◯

2 Ergänze die Lücken in den Sätzen – **ss** oder **ß**?

An der Grenze mu___ Sascha seinen Pa___ vorzeigen.

Zwei kleine Hunde bei___en sich auf der Stra___e.

Sophia und Kevin haben aus Holz ein gro___es Flo___ gebaut.

Der Elefant im Zoo spritzt gern Wa___er mit seinem Rü___el.

1 Ein **h** am Ende der Silbe zeigt,

- ◯ dass der Selbstlaut kurz ist
- ◯ dass der Selbstlaut lang ist.
- ◯ dass die Silbe keinen Selbstlaut hat.

2 Finde für jeden Satz ein passendes Wort.

Oben auf dem Turm weht eine bunte ______________.

Jeder Mensch hat am Kopf rechts und links ______________.

Der Drache haust in einer dunklen ______________.

Bei einem Theaterstück spielt man auf der ______________.

Nach jedem Winter kommt ein schöner ______________.

Alle diese Wörter beginnen mit **ver-** oder mit **vor-**.
Verbinde die Wortteile und trage die Wörter unten richtig ein.

ver **vor**

bieten · zichten · bereiten · drängeln · suchen · singen · schlagen · lieren

Wörter mit ver-

Wörter mit vor-